내 마음이 보일 제도 물라

내 마음이 보일지도 몰라
그림지도로 엮은 나의 마을 탐험기

초판 1쇄 발행 2020년 5월 5일
초판 4쇄 발행 2023년 5월 3일

글 김경화
그림 이화정

편집장 천미진 | **편집** 최지우, 김현희
디자인 최윤정 | **마케팅** 한소정 | **경영지원** 한지영

펴낸이 한혁수 | **펴낸곳** 도서출판 다림 | **등록** 1997. 8. 1. 제1-2209호
주소 07228 서울시 영등포구 영신로 220 KnK 디지털타워 1102호
전화 02-538-2913 | **팩스** 070-4275-1693 | **블로그** blog.naver.com/darimbooks
전자 우편 darimbooks@hanmail.net | **다림 카페** cafe.naver.com/darimbooks

ISBN 978-89-6177-232-7 (73980)

ⓒ 김경화, 이화정 2020

이 도서의 국립중앙도서관 출판예정도서목록(CIP)은 서지정보유통지원시스템 홈페이지(http://seoji.nl.go.kr)와 국가자료종합목록 구축시스템(http://kolis-net.nl.go.kr)에서 이용하실 수 있습니다. (CIP제어번호 : 2020015537)

이 책 내용의 일부 또는 전부를 사용하려면 반드시 저작권자와 도서출판 다림의 서면 동의를 받아야 합니다.
책값은 뒤표지에 있습니다.

제품명: 내 마음이 보일 지도 몰라	**제조자명**: 도서출판 다림	**제조국명**: 대한민국
전화번호: 02-538-2913 | **주소**: 서울시 영등포구 영신로 220 KnK 디지털타워 1102호
제조년월: 2023년 5월 3일 | **사용연령**: 8세 이상

※KC마크는 이 제품이 공통안전기준에 적합하였음을 의미합니다.

⚠ 주 의

아이들이 모서리에 다치지 않게 주의하세요.

내 마음이 보일지도 몰라

그림지도로 엮은 나의 마을 탐험기

김경화 글 · 이화정 그림

다림

| 작가의 말 |

천천히 걷고, 찬찬히 보며, 나의 마을 탐험기

 서울내기가 낯선 부산에서 살게 되었어요. 처음 몇 달은 무척 힘들었어요. 억센 부산은 물러 터진 서울내기에게 쉽게 곁을 내주지 않았거든요. 같이 사는 친구가 아무리 이곳저곳을 데리고 다녀도 흥이 나지 않았어요. 익숙한 곳을 떠나 다른 곳에서 산다는 것은 여행과 달랐지요. 투덜거리기만 하던 서울내기는 진짜 부산을 만나 보기로 결심했어요.

 범일동 산꼭대기 도서관과 거기에서 바라본 수많은 파란 물통들이 마음을 열게 했지요. 파란 물통 가득 재밌는 이야기가 출렁일 것 같았어요. 서울내기는 범일동 탐험에 나섰어요. 마을 여기저기를 기웃거리고, 새로운 풍경들과 만나면서 생각했어요.

 '내가 잘 알고 있다고 생각하는 곳을 난 진짜 알고 있는 걸까?'

 그러곤 깨달았지요. 살고 있는 집이 있는 곳, 다니는 학교가 있는 곳, 단골 가게들이 있는 곳, 누군가를 만나기 위해 들르는 곳, 내가 좋아하는 곳, 서울에서 '익숙함'을 걷어 낸다면 지금 머물고 있는 부산과 다를 게 없다는 것을요.

 서울내기는 낯선 나의 마을을 제대로 알아보기 위해 열심히 걸었어요. 마을 곳곳을 찍은 사진들이 쌓이고, 공책에는 뒤늦게 나눈 묵은 인사들이 가득 채워졌지요. 서울내기는 새로 본 것(혹은 다시 본 것), 알게 된 것(혹은 놓쳤던 것), 느낀 것을 차근차근 정리해 나갔어요. 그리고 마을 탐험의 마무리를 '그림지도'로 맺었지요. 구구절절 수많은 문장보다 몇 장의 그림지도가 더 많은 이야기를 들려줄 수 있다고 생각했어요. 그림지도는 그리는 곳의 모습은 물론이고, 그리는 사람의 마음까지 담아낼 수 있으니까요.

  마을 탐험을 이어 가다 나의 이야기를 친구들과 나누고 싶어졌어요. 내가 살고 있는 곳도 모르면서 다른 도시, 다른 나라에 마음을 빼앗긴 친구들에게 '내가 사는 곳을 곰곰 들여다보는 재미'를 전하고 싶었어요. '내가 사는 곳을 점점 알아 가는 기쁨'도 나누고 싶었고요.

  오랜 시간과 걸음들이 모여 이 책이 만들어졌어요. 이 책을 읽고 마을 탐험에 나서는 친구들이 생긴다면 참 좋겠어요. 그리고 벽에 걸어 둔 커다란 세계 지도 옆에 친구들이 직접 만든 마을 그림지도를 나란히 걸 수 있다면 더 좋겠어요.

김경화

차례

작가의 말 4
내가 이사 온 마을 풍경 10

1 조금 낯설지도 몰라

호랑이가 살았던 마을 14
나의 첫 나들이 14
파란 물통 16

2 탐험을 떠날지도 몰라

나의 마을 탐험 20
계단, 또 계단 20
새로운 친구들 22
색깔 고운 집들 24

3 한눈에 보일지도 몰라

나만의 마을 지도를 만들 거야 28
우리 마을 동서남북 29
내가 만든 그림지도 기호 31
드디어 우리 마을 그림지도 완성! 34

4 조금 으스스할지도 몰라

한밤중 동네 탐험 38
산이 들려준 우리 동네 이야기 41
숨은 비석 찾기 지도 46

5 이야기를 만날지도 몰라

굽이굽이 이야기를 찾아서 50
둘레둘레 산복도로 59
우리 마을 이야기 지도 62

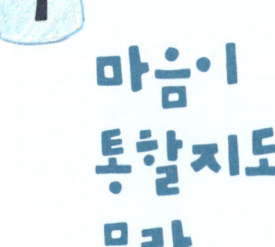

7 마음이 통할지도 몰라

어, 갈매기다! 76
길 잃은 갈매기에게 지도를 78
바다로 가는 지도 79

6 돋보일지도 몰라

시장에 가면 66
천하무적 시장 사람들 67
아주 특별한 신발 지도 69
나만의 신발 지도 72

8 새롭게 보일지도 몰라

새롭게 보이는 우리 마을 82
마음을 보여 주는 그림지도 82
다음엔 어떤 지도를 만들까? 83

서울 배밭골 용준이에게 86
부산 호랑이 마을 영우에게 88

지도가 뭘까?

그림지도 91
세상을 보는 마음의 눈 92
상상으로 지도를 만들었던 옛사람들 93
요모조모 지도의 변신 94
마을 탐험을 나서자 94

내가 이사 온 마을 풍경

이른 아침부터 이사 준비로 정신이 없었다.
"엄마, 난 이사 안 가고, 여기서 살면 안 돼요?"
"바쁜데 말도 안 되는 소리만 계속할 거야? 여기 와서 이거나 거들어."
말도 안 되는 소리를 하는 건 내가 아니다. 엄마랑 아빠랑 둘이서 정한 일을 순순히 따르라고 윽박지르는 게 더 말이 안 된다. 난 이사 따윈 가고 싶지 않다. 친한 친구들, 할머니 할아버지와 헤어지는 게 싫다. 게다가 우리가 이사 가는 곳은 서울에서도 한참 떨어진 부산이다. 실랑이 같지도 않은 실랑이는 엄마의 승리로 싱겁게 끝났다.
이삿짐을 잔뜩 실은 차가 출발했다. 곧이어 우리 가족도 아빠 차를 타고 출발했다. 우리 마을이 창밖으로 멀어져 갔다.
'안녕! 잘 있어라!'
나는 마음속으로 작별 인사를 건넸다.

다섯 시간을 넘게 달려 부산에 도착했다. 예전에 살던 집보다 조금 넓은 새집에 짐을 내려놓았다. 이리저리 흩어져 있는 이삿짐을 모두 정리하려면 꼬박 며칠은 걸릴 것 같았다.

자장면과 탕수육으로 늦은 점심을 먹고, 나는 좁은 계단을 따라 옥상으로 올라갔다. 옥상 위에 커다란 파란 물통이 서 있었다. 나는 그 옆에 서서 사방을 휘휘 둘러보았다.

내 눈앞에 펼쳐진 마을은 텔레비전에서 보았던 부산과 많이 달랐다. 사각사각 밟히는 고운 모래가 깔린 바닷가 대신 우뚝우뚝 솟아 있는 철 기둥과 커다란 철 상자들로 가득한 부두가 멀리 보였다. 집 주변을 둘러싼 나지막한 산에는 알록달록한 집들이 빼곡히 들어차 있었다. 서울에서 태어나 서울에서 줄곧 살아왔던 내게 처음 만나는 부산은 낯설기만 했다.

어둠이 내리자 산을 덮은 집과 가로등에서 불빛이 쏟아져 나왔다. 불빛으로 가득한 산이 꼬마전구들을 잔뜩 매단 크리스마스트리 같았다.

'멀리서 보면 우리 집 불빛도 커다란 크리스마스트리에 매달린 꼬마전구처럼 보이겠지.'

매일 밤 내 방에 불을 켤 때마다 세상에서 가장 큰 크리스마스트리에 불을 밝힌다고 생각하니 괜스레 기분이 좋아졌다.

1 조금 낯설지도 몰라

호랑이가 살았던 마을

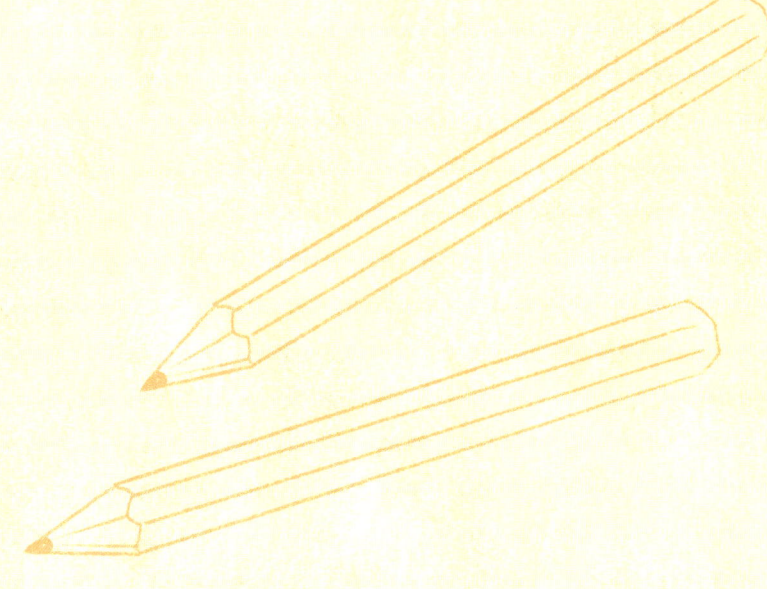

나의 첫 나들이

파란 물통

호랑이가 살았던 마을

새로 이사 온 우리 마을의 이름은 범일동. 지금은 집들이 다닥다닥 들어차 있는 이 산에 한때는 무시무시한 호랑이가 살았었나 보다. 우리 마을뿐만 아니라 범내골, 범천동(둘 다 호랑이가 자주 나타나는 골짜기를 뜻함) 같은 가까운 동네 이름에 하나같이 호랑이를 뜻하는 '범'이라는 글자가 붙어 있는 걸 보면, 아마 호랑이가 산을 타고 다니며 이 마을 저 마을에 나타나 사람들에게 잔뜩 겁을 줬을 게 틀림없다.

무서운 호랑이 기운이 아직도 남아 있는 걸까? 나는 이곳에 와서 겁쟁이가 되어 버린 것 같다. 좀처럼 바깥에 나가지도 않고 집 안에서 빙빙 맴돌고 있다. 솔직히 밖에 나가도 재미있는 게 없었다. 이곳엔 서울처럼 갈 곳도, 놀 곳도 없었다. 같이 놀 친구들도 없었다.

나의 첫 나들이

심심한 하루하루가 이어졌다. 그러던 어느 날, 나는 수업을 마치고 학교 앞 큰길을 따라 무작정 마을을 둘러보기로 했다. 날마다 학교와 집을 오가는 같은 길만 걷는 데 싫증 났기 때문이다. 산꼭대기에 우뚝 서 있는 마을 도서관이 가장 먼저 눈에 띄었다.

'저기 가서 책이나 읽을까?'

나는 도서관까지 가 보기로 했다.

학교에서 도서관까지 가는 길은 어렵지 않았다. 학교 앞 큰길을 따라 계속 언덕길을 올라가다 보니 나무가 많은 공원과 도서관이 나타났다.

가파른 언덕길을 오르느라 숨이 좀 찼다. 도서관 앞마당에 서서 "휴!" 하고 가쁜 숨을 돌렸다. 가슴이 뻥 뚫리는 것 같았다. 내 눈앞에 펼쳐진 재미있는 풍경에 눈도 번쩍 뜨이는 것 같았다.

파란 물통

우리 마을에서 가장 눈에 띄는 건 파란 물통! 집집마다 지붕에 파란 물통을 하나씩 얹어 놓았다. 파란 물통은 산꼭대기까지 퍼져 있는 우리 마을 곳곳으로 힘들게 올라오는 물을 소중하게 모아 두는 커다란 통이다. 밤새 이 통에 물이 가득 차야 수돗물을 맘껏 쓸 수 있다.

수없이 많은 파란 물통들이 멀리 보이는 바닷빛을 닮았다. 어떤 집 물통은 더 파랗고, 어떤 집 물통은 다 바랬어도, 파란 물통 안에는 바다보다 더 바쁘고, 바다보다 더 마음 넓은 파란 물이 출렁거리겠지.

수도꼭지를 틀면, 고린내 풀풀 나는 발 깨끗이 닦을 물, 맛난 밥 지을 물, 묵은 빨래 하얗게 빨아 주는 물이 파란 물통에 얌전히 고여 있다가 "쏴아!" 시원하게 뿜어져 나와 제 할 일을 하겠지.

파란 물통은 쓰임새가 아주 다양했다. 물통을 반으로 자르고 흙을 채우면 작은 텃밭이 되기도 하고, 드나들 수 있는 문을 뚫으면 작은 창고가 되기도 했다.

바다를 닮은 파란 물통들과 마주하니, 내 맘도 바다처럼 파래지는 것

 같았다. 나는 도서관 앞마당에 서서 오래오래 우리 마을을 바라보았다. 그리고 생각했다.

 '밤새 파란 물통 가득 물이 채워지듯이, 밤새 사람들의 마음에도 기분 좋은 웃음이 가득 채워지면 얼마나 좋을까.'

2 탐험을 떠날지도 몰라

계단, 또 계단

나의 마을 탐험

새로운 친구들

색깔 고운 집들

나의 마을 탐험

파란 물통에 마음을 빼앗겨 버린 그다음 날, 나는 새롭고 재미있는 계획을 세웠다. 바로 마을 탐험하기!

새로운 세계를 찾아 나서는 탐험, 이 말은 왠지 듣기만 해도 가슴이 두근거린다. 또, 탐험가는 뭔가 근사한 세상을 찾아내는 특별한 사람 같다. 바다를 건너지 않아도, 이름 모를 땅에 닿지 않아도 새로운 세계를 만날 수 있다. 누구나 맘만 먹으면 탐험을 떠날 수 있다. 누구나 탐험가가 될 수 있다.

아직 잘 알지 못하는 우리 마을은 내게 새로운 세계다. 우리 마을 구석구석을 잘 살펴보며 어디로 가면 무엇이 있는지, 어디서 놀면 재미있는지, 어떤 길에 볼거리가 많은지, 어떤 사람들이 살고 있는지 알아보기! 또 파란 물통처럼 재미있는 우리 마을 특징 찾아내기! 이게 내가 계획한 마을 탐험이다. 대단한 준비물이 필요한 것도 아니고, 먼 길을 떠나야 하는 것도 아니다. 가벼운 마음과 씩씩한 발걸음으로 마을 탐험 시작!

계단, 또 계단

나는 우리 집에서 도서관까지 가는 재미있는 길을 발견했다. 이 길에는 한 번에 다 오를 수 없는 길고 긴 계단들이 즐비하다.

'헉, 도대체 얼마나 더 올라야 하는 거야? 계단 끝이 하늘이야?'

오르고 올라도 끝이 없을 것만 같은 계단, 이 계단이 우리 집에서 도서관 가는 길에 올라야 할 첫 번째 계단이다.

계단은 파란 물통에 이어 우리 마을의 두 번째 눈에 띄는 특징이다. 우리 마을에는 긴 계단이 아주 많다. 산을 오르며 집을 세웠기 때문이다. 산등성이를 따라 집들이 빽빽이 늘어서 있고, 산꼭대기에도 집들이 많아서 이 집들에 닿으려면 산길을 따라 만들어진 가파른 계단을 오르고 또 올라야 한다.

이 길고 긴 계단들은 내가 우리 동네에서 찾아낸 것들이다. 보기만 해도 다리가 후들거린다. 이 긴 계단들을 오르락내리락하다 보면 코끼리만큼 튼튼한 두 다리를 갖게 되겠지.

계단은 오르내리기 힘들지만 집과 집을 잇고, 아랫동네와 윗동네를 이어 주고, 마음과 마음을 이어 준다.

"가위바위보! 한 칸, 또 한 칸!"

"무궁화꽃이 피었습니다!"

심심할 때면 우리들의 재미있는 놀이터가 되어 주기도 한다.

새로운 친구들

도서관으로 이어지는 계단은 '도서관 오름길'이라는 오르막길에서 다시 시작된다. 계단으로 이어지는 도서관 오름길을 오르다 보면 바다처럼 파란 지붕을 가진 납작한 집도 나오고, 바닷바람을 맞으며 깻잎, 파, 호박, 고추가 자라는 작은 텃밭도 나온다.

또, 덩치 큰 개가 사는 집도 있다. 이 녀석은 내가 도서관에 갈 때마다 인사를 나누는 친구다. 처음 녀석과 마주쳤을 때는 조금, 아주 조금 겁을 먹었다. 계단을 오르는 나를 보고 어찌나 짖어 대는지, 컹컹 소리에 괜스레 발소리가 작아졌다. 하지만 몇 번 얼굴을 보고 나니까 처음처럼 짖지 않고 내 얼굴을 멀뚱멀뚱 쳐다보곤 한다. 가끔 꼬리도 흔들어 준다. 나도 녀석을 볼 때마다 반갑게 손을 흔들고, 말을 건넨다.

친구가 되려면 자주 만나야 하나 보다. 어느새 겁을 주던 녀석과 친구가 되었으니 말이다. 마을 탐험을 하면서 날마다 만나는 우리 마을도 언젠가 나의 좋은 친구가 되겠지.

색깔 고운 집들

힘들게 계단을 올라가면 또 다른 기분 좋은 풍경을 만난다. 바로 알록달록 색깔 고운 집들이다. 우리 마을 집들은 저마다 예쁜 색깔 옷을 입고 있다. 파란 하늘 아래 하늘색, 분홍색, 연두색 집들이 다닥다닥 붙어서 파란 바다를 내려다보고 있다. 비록 집은 낡고 허름하지만 그 색깔만큼은 새해 아침에 입는 한복처럼 화사하다.

제아무리 콧대 높은 빌딩들이 으스대도 우리 마을 집들은 절대 기죽지 않는다. 나도 숨을 고르며 기운을 낸다. 아픈 다리에 힘이 불끈 솟는다. 이제 아무리 긴 계단을 만나도 겁먹지 않을 거다. 그 계단 끝에 비밀 같은 멋진 풍경이 펼쳐져 있을 테니까.

3 한눈에 보일지도 몰라

나만의 마을 지도를 만들 거야

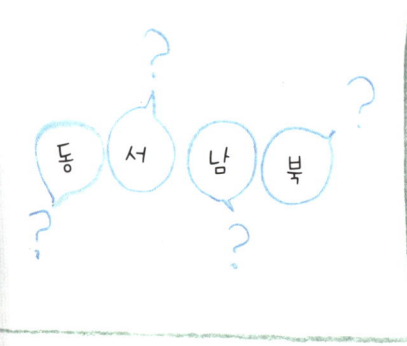

우리 마을 동서남북

내가 만든 그림지도 기호

드디어 우리 마을 그림지도 완성!

나만의 마을 지도를 만들 거야

주민 센터 앞에 있는 우리 마을 지도를 보면서 내가 탐험한 곳들을 찾아보았다. 하지만 자로 그은 듯 반듯반듯한 지도 속에서 내가 탐험한 우리 마을의 재미있는 모습을 찾아내기란 쉽지 않았다.

손가락으로 지도 속 길을 따라 가다 문득 이런 생각이 들었다.

'마을 탐험을 하면서 만난 우리 마을의 특별한 모습을 재미있는 그림지도로 만들면 어떨까?'

생각해 봐. 아주 오래전부터 수많은 탐험가들이 탐험을 떠날 때마다 그 과정과 결과를 지도로 남겼잖아. 그렇게 태어난 지도들은 새로운 탐험을 떠나는 사람들에게 소중한 길잡이가 되었어. 그리고 낯선 곳을 상상하는 사람들에는 꿈을 선물해 주었지.

내 눈으로 보고, 내 발로 걸어 본 우리 마을을 한눈에 볼 수 있는 그림지도로 만든다면 나처럼 이곳에 처음 온 사람들이나 우리 마을에 대해 알고 싶어 하는 사람들에게 멋진 선물이 될 거야. 또 서울에 있는 친구들에게 내가 만든 그림지도를 보여 준다면 서울과 다른 우리 마을을 상상하며 재미있어할 거야.

'좋아! 우리 마을의 모습을 생생하고 재미있는 그림지도로 만들어 보는 거야!'

나는 곧바로 우리 마을 그림지도 만들기에 나섰다.

우리 마을 동서남북

그림지도를 만들 때 가장 먼저 할 일은 방향 정하기! 나는 나침반을 가지고 사방이 확 트인 높은 건물의 옥상에 올랐다. 그리고 그곳에서 나침반이 가리키는 방향에 따라 우리 마을의 동서남북을 확인해 보았다.

동쪽에는 바다로 흐르는 동천이 있고, 아침마다 동쪽 산에서 해가 떠오른다. 서쪽으로는 도서관과 산을 둘러싼 집들이 보인다. 해가 질 때면 서쪽 하늘에 아름다운 노을이 물든다. 남쪽으로는 멀리 바다와 부두가 보인다. 아, 그래서 부산 앞바다를 남해라고 하는구나. 북쪽에는 늘 사람들과 자동차로 북적거리는 시내가 보인다. 그리고 멀리 산이 병풍처럼 펼쳐져 있다. 여기서 본 우리 마을의 동서남북 모습은 아주 근사했다.

내가 확인한 우리 마을의 방향은 그림지도를 그릴 때 아주 중요하다. 지도 위에 동서남북 방향이 정확하게 나타나 있지 않으면 제대로 위치를 찾을 수 없다. 그래서 지도에는 방향의 위치(이걸 방위라고도 함)를 정확하게 알려 주는 방위표를 반드시 그린다.

지도에서 흔히 볼 수 있는 방위표는 숫자 4와 비슷하게 생겼다. 이 숫자 4의 위쪽이 북쪽, 아래쪽이 남쪽, 오른쪽이 동쪽, 왼쪽이 서쪽이다. 그렇다고 방위표가 꼭 숫자 모양만 있는 건 아니다. 동그란 나침반 모양으로도 방위표를 만들 수 있다.

나침반의 빨간 바늘(N극)은 언제나 북쪽을 가리키기 때문에 나침반 모양의 방위표에서는 빨간 바늘이 북쪽, 반대쪽 바늘이 남쪽, 오른쪽이 동쪽, 왼쪽이 서쪽을 나타낸다.

내가 만든 그림지도 기호

그림지도에 방위표를 정확히 그렸으면 두 번째로 할 일은 기호 만들기!

그림지도를 만들 때 길과 산, 학교, 집, 병원, 가게 따위를 모두 있는 모습 그대로 지도 안에 그려 넣는다면 그림지도가 너무 복잡해질 거다. 물론 작은 종이 안에 그런 것들을 모두 담아낼 수도 없을 테고. 그래서 필요한 것이 바로 '기호'다.

기호는 땅 위에 있는 모든 것들을 간단하게 나타내는 재주를 가지고 있다. 커다란 건물도, 도로나 철도 같은 교통 시설도, 강이나 산 같은 자연 환경도 기호로 만들어 간단하게 지도에 넣을 수 있다.

기호는 실제 모양을 본떠서 만들 수도 있고, 장소의 특징이나 하는 일을 간단하게 표현해 나타낼 수도 있다. 여기에 알록달록 색깔을 입힌다면 기호의 뜻을 더 확실하게 알 수 있다. 색깔을 잘 사용하면 생생하고 재미있는 그림지도가 만들어질 것이다.

나도 우리 마을의 특징을 살려 그림지도에 쓸 기호들을 만들어 보기로 했다. 우리 마을의 집들을 어떤 기호로 만들면 좋을까? 파란 물통으로 표시하면 어떨까? 집집마다 파란 물통이 있으니까 말이다. 파란 물통을 보면 누구나 우리 마을 집들을 떠올리게 될 거야.

우리 학교는 어떻게 나타내면 좋을까? 1학년부터 6학년까지 있으니까 건물 모양에 숫자를 적어 그려 볼까?

산꼭대기 도서관은 어떤 기호로 만들까? 도서관은 책을 보고, 빌리는 곳이니까 책이 잘 어울릴 거야. 책으로 도서관 기호를 만들어 볼까?

드디어 내 그림지도에 들어갈 기호 완성!

드디어 우리 마을 그림지도 완성!

첫 번째로 만든 우리 마을 그림지도에는 우리 집이랑 학교, 도서관을 모두 담았어.

내가 자주 다니는 길을 따라 발자국도 찍어 놓았어. 내 발자국을 따라가면 우리 학교도 구경하고, 도서관까지 갈 수 있지. 그리고 우리 마을 집들은 모두 파란 물통으로 표시했어. 파란 물통만 봐도 우리 마을이란 걸 한눈에 알 수 있도록 말이야.

4 조금 으스스할지도 몰라

한밤중 동네 탐험

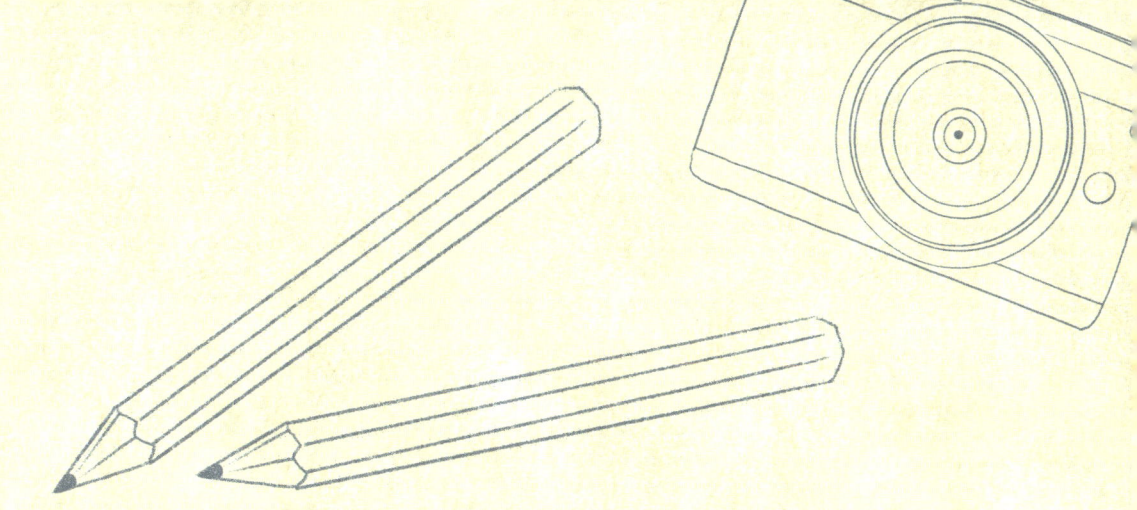

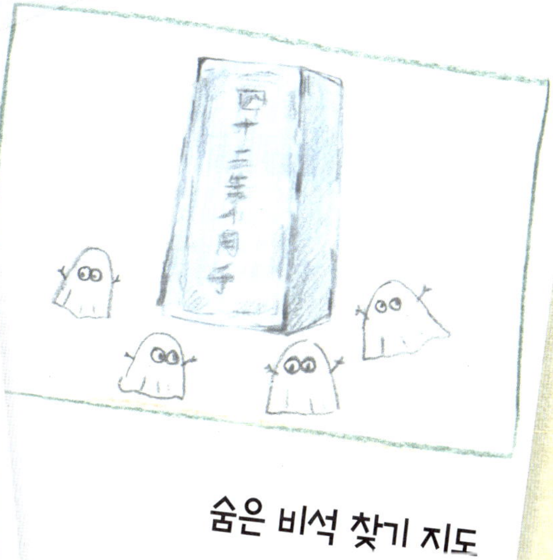

뭐라고?

산이 들려준 우리 동네 이야기

숨은 비석 찾기 지도

한밤중 동네 탐험

우리 마을과 친해지면서 친구들도 늘어 갔다. 여름을 코앞에 둔 어느 날, 나는 친구들과 함께 조금 특별한 동네 탐험에 나섰다. 바로 피란 수도 야행! 한국 전쟁 때 피란 수도였던 부산의 역사를 찾아가는 밤 나들이였다. 이날은 우리 가족과 친구네 가족들도 함께했다. 아이들과 어른들이 서로 어울려 이웃 동네를 둘러보는 색다른 재미가 늦은 밤까지 이어졌다.

부산은 한국 전쟁이 일어났을 때 피란 수도로 서울의 역할을 했다고 한다. 1950년, 갑작스러운 북한군의 침략에 수많은 사람들이 남쪽으로 피란을 왔다. 고향을 떠나 온 피란민들은 남쪽 바닷가 도시인 부산에 모여들

었다. 대통령도 부산까지 피란을 왔다. 헤아릴 수 없이 많은 사람들이 목숨을 잃고 가족과 헤어지는 끔찍한 전쟁을 치르며 부산은 서울을 대신해 피란 수도가 되었다.

　우리들의 피란 수도 밤마실은 부산 임시 수도 청사에서 시작되었다. 박물관을 살펴본 뒤 대통령이 머물렀던 임시 수도 대통령 관저까지 가볍게 걸었다. 아름다운 정원까지 갖춘 화려한 일본식 저택에 자리한 대통령 관저를 보니 왠지 씁쓸한 기분이 들었다. 이곳에 머물렀던 사람들은 가족과 고향을 잃은 사람들의 아픔을 제대로 알았을까? 그들의 두려움과 배고픔을 달래 줄 수 있었을까?

우리들의 발걸음은 비석마을로 이어졌다. 비석마을은 이번 밤 나들이에서 가장 흥미로운 곳이었다. 원래 이곳은 일제 강점기 때 조선에서 살던 일본인들의 공동묘지였다. 공동묘지에 어떻게 마을이 생겨난 걸까?

해방이 되자 일본에 있던 동포들이 부산항으로 들어오고, 전쟁을 피해 내려온 사람들까지 부산으로 몰려들었다고 한다. 사람들이 갑자기 많아지자 집 지을 땅이 턱없이 부족했다. 산에도 바닷가에도 집들이 빽빽이 들어섰다. 살 곳을 찾지 못한 사람들은 버려진 무덤 위에라도 집을 지어야 했다. 이렇게 만들어진 마을이 바로 이곳 비석마을이다.

무덤 위에 얼기설기 지은 작은 집들과 비석으로 만든 담벼락까지, 비석마을의 첫인상은 무척 낯설었다. 죽은 사람들의 집 위에 지은 산 사람들의 집이라니, 제집을 빼앗긴 귀신들이 심술을 부리진 않았을까? 조금 으스스하기도 했다.

하지만 좁은 골목길을 따라 마을을 돌면서 으스스한 마음은 저만치 사라졌다. 죽은 사람들의 무덤까지 차지해야 했던 피란민들의 딱한 사정에 귀신들도 마음 아파하며 자리를 내주었을 것만 같았다.

어쩌면 세상에서 가장 무서운 건 귀신이 아니라 전쟁이 아닐까 하는 생각이 들었다.

산이 들려준 우리 동네 이야기

비석마을을 나와 우리는 산만디에 올랐다. 산만디가 뭐냐고? 산만디는 산마루를 뜻하는 사투리다. 나는 '산만디'라는 말이 마음에 든다. 친구들이 쓰는 말투랑 비슷하기도 하고, 산꼭대기에 올라 만세를 외치는 기분도 들기 때문이다.

우리들은 산만디에 서서 사방을 둘러보았다. 산도 많고, 집도 참 많았다.
"지기, 우리 집이다!"
"아냐, 저기는 다른 동네야."
우리는 고개를 쭉 빼고 우리 동네를 찾아보았다.

사람들은 부산 하면 가장 먼저 바다를 떠올리지만, 내가 만난 부산은 바다만큼이나 산이 많았다. 그래서 처음에는 '부산'의 뜻이 '산 부자'인 줄 알았다. 사실 부산의 '부'는 '부유할 부'가 아니라 '가마솥 부'라고 한다. 마치 가마솥을 엎어 놓은 듯한 산 모양 때문일까?

하여튼 가마솥처럼 속 깊고 마음 넉넉한 산은
사람들에게 집 지을 터를 내주었고,
수많은 집들이 나무 대신
산을 차지했다.

이렇게 산을 따라 마을이 생긴 것은 아주 오래전부터라고 한다. 일제 강점기 때 평평하고 살기 좋은 땅은 일본 사람들에게 모두 빼앗기고 우리나라 사람들은 산에 집을 짓고 살면서 산 아래 부두에서 일을 했다.

한국 전쟁 때 집 없는 피란민들을 따뜻하게 품어 준 것도 바로 산이었다. 사람들은 산등성이, 산마루 할 것 없이 엉덩이 붙이고 앉을 자리만 있으면 집을 지었다.

전쟁이 끝난 뒤에는 농촌을 떠나 도시로 일자리를 찾아온 사람들까지 모여들면서 산꼭대기까지 집들이 들어섰다. 좁은 골목을 따라 집들이 빼곡히 차고 산 아래 부두로, 시장으로, 공장으로 빠르게 내려가기 위해 계단들도 늘었다.

산동네 계단은 쉬지 않고 오르기는 힘들어도 한달음에 내려가긴 편했다. 미로 같은 골목은 정신없어도 이웃과 어울리긴 좋았다. 이렇게 우리 마을은 길고 가파른 계단과 좁고 복잡한 골목을 따라 산에 터를 잡게 되었다.

우리 가족에게 우리 마을이 새로운 터전이듯이, 조금 오래전 이 신기한 동네는 많은 사람들에게 희망을 주었을 것이다.

산비탈에 세운 집, 산꼭대기 높은 곳에 세운 집, 집과 집을 이어 주는 끝없는 계단과 집과 집을 이어 주는 골목길, 마을과 마을을 이어 주는 산복도로……. 이런 모든 것들이 지금의 번듯한 부산을 만들어 준 힘이었을 테니까.

우리 동네는 알면 알수록, 보면 볼수록 참 착하다. 집 없는 사람들을 받아 주고, 마음 아픈 사람들을 따뜻하게 안아 주었다. 비록 집도 작고 길도 좁지만 마음만은 한없이 넓은 우리 마을이 점점 좋아질 것 같다.

숨은 비석 찾기 지도

분명 비석마을인데, 비석은 어디에 있는 거지? 비석마을에 숨어 있는 오래된 비석들을 찾아볼까? 그리고 주인을 잃고 속상했을 비석들에게 이야기 하나씩 선물해 볼까? 귀신들이 이야기를 좋아한다는데, 내가 만든 이야기에 웃음을 터뜨리길 바라.

담벼락에 웬 낙서?
가까이 다가가 보니, 찾았다!
얇은 글씨로 새겨진 비석 하나.

반가워!

빼꼼 열린 문틈으로 찾았지.
문지방에 쓰인 비석 하나.

찾았다!
가스통을 이고 있는,
기운 센 비석 하나.

찾았다!
무덤 위에 지어진
낡은 집 한 채!

할머니 화분에서 찾았다!
할매처럼 나이는 많아도
할매처럼 쌩쌩한 비석 하나!

5 이야기를 만날지도 몰라

굽이굽이 이야기를 찾아서

우리 마을 이야기 지도

둘레둘레 산복도로

굽이굽이 이야기를 찾아서

피란 수도 밤 나들이를 다녀온 뒤, 나는 우리 마을 이야기 탐험에 나서 보기로 했다. 우리 동네 곳곳에는 이바구길이 있다. '이바구'는 이야기를 뜻하는 부산 사투리다. 어떤 이바구길은 정말 새롭기도 하고, 어떤 곳은 조금 억지스럽기도 하다.

곳곳에 마을에 얽힌 이야기를 소개하는 표지판이나 기념관들도 많다. 그곳에 가면 할아버지 할머니들이 이런저런 이야기를 해 주시는데, 운 좋은 날이면 재미있는 이야기를 실컷 들을 수 있다.

우리 동네뿐만 아니라 산이 품고 있는 동네마다 많은 이야기들이 전해지고 있다. 이렇게 많은 이야기들이 전해 오는 건 모두 호랑이 덕이 아니었을까? 제 이름이 턱 하니 붙은 동네 고개마다 버티고 서서 "이야기 한 자락 풀어놓으면 안 잡아먹지." 하며 으르렁거리지 않았을까? 이야기를 따라 동네를 누비다 보면 호랑이도 껄껄 웃으며 좋아할 나만의 이야기를 만들 수 있겠지.

이야기를 따라 마을을 탐험하는 것은 꽤 재미있었다. 같은 길이라도 그 길에 얽힌 이야기들을 알고 보면 왠지 예전과는 다르게 보였다. 나는 도서관으로 가면서 이 길을 걸었을 사람들을 상상해 보았다. 그 사람들은 무엇을 보았을까? 누구를 만났을까?

내가 우리 동네 이바구길에서 처음 만난 사람은 화가 이중섭이다. 화려하게 꾸며진 계단이 조금 정신없다. 이렇게 이중섭 거리를 만들게 된 건

이중섭이 한국 전쟁 때 부산에 피란 와 가족과 함께 우리 동네에 살았기 때문이라고 한다. 교과서에서 본 화가 이중섭이 우리 동네에 살면서 '범일동 풍경'이라는 그림을 그렸다니, 신기하기만 하다. 하지만 그림 속 범일동은 지금 내가 보는 범일동과는 달랐다. 왠지 춥고 쓸쓸한 느낌이다.

　내가 날마다 걷는 도서관 가는 길에 잠깐 서서 범일동을 바라보았다. 그리고 화가 이중섭이 바라보았던 그때의 범일동을 상상해 보았다.

나는 가방에서 공책과 연필을 꺼내 범일동 풍경을 그렸다. 하지만 내가 그린 범일동 풍경은 그릴 때마다 조금씩 달라질 거다. 아직은 낯설고 신기하지만 곧 익숙해질 테고, 곳곳에 나만의 이야기를 간직하게 될 테니까.

내가 그린 범일동 풍경을 가방에 넣고 도서관까지 빠르게 걸었다. 오늘의 목적지는 도서관이 아니라 도서관 바로 옆에 있는 증산공원이다. 증산공원은 우리 동네 산만디공원이다. 운동장 한쪽에 서 있는 높은 정자 꼭대기에 오르면 부산항까지 한눈에 들어온다. 아, 우리 동네랑 바다가 이렇게 가까웠구나.

증산공원을 빠져나와 무지개아파트로 향한다. 무지개아파트는 좌천시민아파트의 별명이다. 아파트에 알록달록 색깔이 칠해져 있는 모습이 꼭 무지개 옷을 입고 있는 것 같아서 나와 내 친구들이 지어 주었다.

산 아래서 보면 산꼭대기 무지개아파트의 위풍당당한 모습이 한눈에 들어온다. 무지개아파트는 멀리서 보면 알록달록 예쁘지만 가까이서 보면 아주 오래된 할머니 아파트다.

이 할머니 아파트는 아주 오랫동안 이 자리에 서서 마을을 내려다보았을 거다. 그동안 얼마나 많은 사람들이 이 아파트에서 살았을까? 나보다도 우리 엄마보다도 훨씬 나이 많은 이 아파트가 들려주는 이야기에 나는 조용히 귀를 기울여 본다.

내가 만든 우리 마을 이야기 · 하나

무지개아파트

나는 무지개아파트입니다.
나는 산꼭대기에 우뚝 서서 바다를 내려다봅니다.
높은 아파트, 넓은 집 부럽지 않아요.
마음 넓은 산이 든든히 받쳐 주니까요.

나는 무지개아파트입니다.
나는 할머니 아파트입니다.
여기 살고 있는 사람들도 나처럼 늙었지요.
계단을 오르다가도 아이고 쉬어야 하고
빨래를 널다가도 후유 한숨 돌려야 해요.

나는 무지개아파트입니다.
나는 함께 나눌 추억이 많아요.
이곳에서 살았던 사람들
이곳에서 태어난 아기들
이곳에서 생을 마친 사람들
그들의 웃음과 울음을 기억하니까요.

나는 무지개아파트입니다.
언젠가 나도 무지개처럼 사라지고
여기 살았던 사람들의 추억도 사라지겠지요.
하지만 그때까진 이곳을 지키고 싶어요.

무수히 많은 계단을 오르고 올라야 닿는 곳
무수히 많은 계단을 딛고 또 딛어야 닿는 곳
그곳에 나, 무지개아파트가 있습니다.

무지개아파트에서 조금 내려오면 증산왜성의 흔적을 볼 수 있다. 원래 이곳에는 부산진성이 있었다고 한다. 임진왜란 때 정발 장군이 부산진성에서 백성들과 목숨을 걸고 왜군에 맞서 싸웠지만, 안타깝게도 지고 말았다. 싸움에서 이긴 왜군들은 부산진성을 허물고 왜성을 쌓았고, 왜성은 조선 침략에 중요한 요새가 되었다.

　안타깝게도 지금은 부산진성을 볼 수 없다. 하지만 부산진성의 흔적은 옛 지도나 그림 속에서 찾아볼 수 있다. 내가 도서관에서 찾은 옛 지도다. 이 오래된 지도에서 부산진성의 옛 모습을 찾아보았다.

　옛날에는 바다를 메우지 않아 우리 마을이 바다와 아주 가까웠다. 옛 지도를 보니 왜군들이 왜 부산진성을 허물고 왜성을 지었는지 알 것 같았다. 이곳을 차지해야 전쟁을 치를 물자와 식량을 일본에서 들여와 쉽게

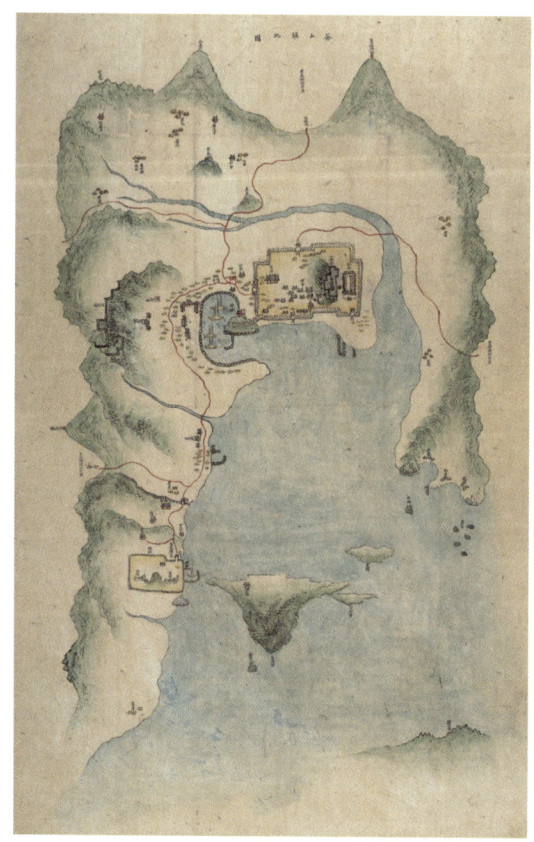

부산진순절도(좌)
ⓒ 육군박물관

부산진성(우)
ⓒ 서울대학교
규장각한국학연구원
중앙도서관

육지로 보낼 수 있을 테니까.

증산왜성 터를 지나 어린이집 앞에서 모노레일을 탔다. 가파른 계단 옆에 모노레일이 생겨 오르락내리락 사람들을 실어 나른다. 모노레일 덕분에 우리 동네 할머니 할아버지들은 무릎이 덜 아프실까?

모노레일이 생기면서 계단이 구박을 받는 것 같아 좀 아쉽지만 그렇다고 모노레일을 타는 쏠쏠한 재미를 놓칠 순 없다. 모노레일을 타면 마치 〈찰리와 초콜릿 공장〉의 유리 엘리베이터를 타는 기분이 든다. 밖이 훤히 내다보이는 모노레일을 타고 한달음에 산 아래로 내려왔다.

이렇게 모노레일을 두 번 타고 내려오면 '안용복기념부산포개항문화관'이 나온다. 이곳에서 용감한 어부 안용복을 만났다. 안용복은 조선 시대 숙종 때 사람으로, 여행이 쉽지 않던 그 당시에 두 번이나 일본에 건너갔다. 그는 일본에 독도가 우리 땅임을 알리고 이를 확인하는 외교 문서까지 받았다고 한다. 조선의 관리도 아니고 그저 평범한 어부가 일본까지 가서 독도가 우리 땅이라고 당당히 주장했다니, 정말 대단한 것 같다. 기념관 밖에 전시된 배 너머로 보이는 바다가 왠지 달라 보였다.

기념관에서 조금 내려오면 정공단이 있다. 정공단은 부산진성을 지키기 위해 목숨 바쳐 싸웠던 정발 장군을 기리는 제단이다. 증산왜성 터에서 잠깐 만났던 정발 장군을 이곳에서 다시 만날 수 있다

조금 더 옆으로 가면 부산에 처음으로 생긴 근대식 여학교 부산진일신여학교도 나온다. 이 학교는 삼일 운동의 함성을 부산에서도 이끌어 냈던

곳으로 알려져 있다.

  우리 동네 곳곳에 이렇게 많은 이야기들이 숨어 있다니 무척 흥미로웠다. 이야기 탐험에 나선 내게 우리 마을은 재미있는 이야기들을 한 아름

선물해 주었다. 조금 더 시간이 흐른 뒤에는 지금 나와 내 친구들의 이야기도 우리 마을의 재미있는 이야기로 남게 되겠지. 그리고 지금의 나처럼 미래의 누군가 우리들의 이야기를 찾아 탐험을 나서겠지.

둘레둘레 산복도로

집과 집을 계단과 골목이 이어 준다면 마을과 마을은 산복도로가 이어 준다. 산복도로는 산의 가운데, 몸으로 치면 배를 가로질러 만들어진 도로다. 산복도로를 달리면 아래로는 바다가 보이고, 위로는 산꼭대기까지 이어지는 집들이 보인다.

산복도로를 따라 버스가 달린다. 산복도로 버스를 타면 정말 재미있다. 굽이굽이 산길을 따라 달리기 때문에 어쩔 땐 놀이 기구를 탄 것처럼 아찔하다.

산복도로를 지나다 보면 자동차를 얹고 있는 옥상들을 자주 본다. 옥상 주차장이다. 산비탈을 따라 집들이 계단처럼 세워져 있어 옥상이 도로와 맞닿아 있는 곳이 많다. 도로로 이어지는 옥상에는 어김없이 차들이 세워져 있다. 옥상으로 드나드는 자동차라니, 지하 주차장에 익숙한 내게 옥상 주차장은 또 다른 볼거리다.

나는 산복도로가 참 좋다. 볼거리도 많고, 재미있다. 오늘도 씩씩하게 산복도로를 달리는 버스들을 위해 이야기를 만들었다.

둘레둘레 산복도로 버스

둘레둘레 산복도로를 버스가 달려요.
까마득한 까꼬막*, 아득한 내리막을
하루에도 수없이 오르락내리락
까꼬막을 오를 때면 차도 사람도 숨이 차고
내리막을 내려갈 때면 차도 사람도 한숨 돌려요.

둘레둘레 산복도로를 버스가 달려요.
굽이굽이 돌아 할머니 태우고
굽이굽이 또 돌아 할아버지 태우고
걸음 느린 할머니 잠시 기다려 내려 주고
정류장 깜빡 놓친 할아버지 살짝 내려 주고 달려요.

* 까꼬막 가풀막의 경남 사투리. 몹시 비탈진 땅바닥이나 비탈길을 뜻함.

우리 동네 버스는
까꼬막도 내리막도 불평하지 않고
느린 사람 조는 사람 타박 주지 않아요.

힘내라, 버스야!
까꼬막 오르기 힘들어도
구불구불 좁은 길 짜증 나도
산 아래 평지 버스 부러워도 힘차게 달려라!

나도 너처럼 힘차게 달릴게.
끝이 보이지 않는 계단을 만나도 겁먹지 않고
골목길 돌고 돌다 길 잃지 않고
산 아래 평지 학교 부러워 않고
힘차게 달릴게.

우리 마을 이야기 지도

나는 동네를 탐험하며 보았던 것들, 느꼈던 것들로 나만의 이야기 지도를 만들어 보려 한다. 내가 다니는 길에 나만의 이야기를 담을 거다.

 버스야, 잠깐만!

 별 따러 가는 길

 빈집에 부는 바람길

 이야기를 만난 도서관 길

 가위바위보 명당

 정발 장군님, 정말 고마워요!

6 돌보일지도 몰라

천하무적 시장 사람들

시장에 가면

아주 특별한 신발 지도

나만의 신발 지도

시장에 가면

우리 집에서 학교, 도서관에 이르는 마을 탐험에 이어 나는 아빠의 신발 가게가 있는 시장 탐험에 나섰다.

우리 집에서 그리 멀지 않은 곳에 있는 아빠의 일터는 1층에는 신발, 2층은 옷, 3층은 꽃을 파는 재래시장이다. 우리 아빠는 이 재래시장 1층에서 신발 장사를 하신다.

우리 아빠가 일하는 시장에 가면 재미있는 구경거리가 참 많다. 운동화부터 장화까지 가게마다 진열되어 있는 온갖 신발들, 신발을 사고파는 사람들의 재미있는 흥정, 가끔 큰소리가 오가는 싸움 구경 그리고 아빠가 사 주시는 맛있는 시장 밥……. 사람들이 많이 모여드는 시장은 언제나 기운이 넘치는 곳이다.

시장 안은 꼭 미로 같다. 백 개가 넘는 신발 가게들이 자로 잰 듯 똑같은 크기로 네모반듯하게 나뉘어져 있고, 똑같이 생긴 열네 개의 문들이 있다. 그래서 아빠 가게로 갈 때는 가장 먼저 어느 문으로 들어갈지 잘 골라야 한다.

가게들을 둘러볼 때도 마찬가지다. 어떤 집은 운동화, 어떤 집은 아동화, 어떤 집은 신사화, 어떤 집은 숙녀화, 가게마다 파는 신발들이 조금씩 다르기는 하지만 비슷한 물건들을 파는 가게들이 많아서 처음 오는 사람들은 어리둥절 한참을 헤맬 수 있다.

그렇다고 길을 잃으면 어쩌나 맘 졸일 필요는 없다. 가끔은 시장 안에서 길을 잃고 헤매는 것도 재미있다. 산더미처럼 쌓여 있는 신발을 실컷 구경할 수도 있고, 시장 사람들을 만날 수도 있으니까.

천하무적 시장 사람들

시장 사람들은 힘이 아주 세다. 누구나 커다란 신발 박스를 으라차차 어깨에 들쳐 메고 지하 창고에서 1층까지 거침없이 다닌다.

내가 보기에는 '힘' 하면 우리 아빠가 최고인 것 같다. 우리 아빠 팔뚝에 박힌 커다란 알통이 불끈불끈할 때마다 커다란 신발 박스가 척척 묶여지고, 쉭쉭 옮겨진다. 그래서 난 우리 아빠를 '알통왕'이라고 부른다. 나도 어른이 되면 우리 아빠처럼 멋진 알통왕이 되고 싶다.

시장을 오가는 식당 아줌마들도 힘이 세다. 밥과 반찬이 가득한 쟁반을 한꺼번에 서너 개씩 탑처럼 쌓아서 머리에 이고도 끄떡없다. 점심시간마다 시장 복도를 누비는 식당 아줌마들 덕분에 시장 사람들은 맛있는 점심을 먹을 수 있다.

시장 사람들은 번개처럼 빠른 손을 가지고 있다. 눈 깜짝할 사이 산더미 같은 신발들을 한 켤레, 두 켤레, 세 켤레……. 개수 하나 틀리지 않고 척척 센다.

우리 아빠의 신발 세는 솜씨도 대단하다. 커다란 손으로 신발 네다섯 켤레를 한꺼번에 집어 상자나 커다란 봉투에 넣는데, 눈 깜짝할 새 봉투와 상자를 가득 채운다.

 나도 가끔 아빠를 도와드리려고 신발을 세서 봉투에 담는데, 꼭 중간에 여태까지 몇 켤레를 셌는지 까먹어 버린다. 그럼 아빠가 봉투에 담아 있던 신발을 쏟아 내 처음부터 다시 세야 한다. 아빠를 도와드리려고 나섰다가 괜히 아빠 일만 더 만들 때가 많다. 아무래도 나의 깜빡증은 엄마를 닮은 것 같다.

아주 특별한 신발 지도

나는 우리 아빠와 시장 사람들 그리고 시장에 오는 손님들을 위해 아주 특별한 지도를 만들기로 했다. 바로 신발 지도! 가게마다 가게를 대표하는 신발로 기호로 만들어 지도를 만드는 거다.

우리 아빠 가게에서는 주로 운동화와 실내화를 파니까 예쁜 운동화로 기호를 만들어야지.

숙녀화를 파는 우리 앞 가게는 예쁜 구두를 기호로 만들고, 신사화를 파는 건너 가게는 멋진 구두로 기호를 만들고, 실내화를 많이 파는 가게는 실내화로 기호를 만들고, 장화를 많이 파는 가게는 장화로 기호를 만들고, 고무신을 파는 가게는 고무신으로 기호를 만들고, 슬리퍼를 많이 파는 가게는 슬리퍼로 기호를 만들고, 또 아이들 신발을 파는 가게는 아동화로 기호를 만드는 거다.

이렇게 가게를 대표하는 신발 기호로 지도를 만들면 시장의 특징도 멋지게 살릴 수 있고, 신발 사러 온 손님들도 원하는 가게를 한눈에 찾을 수 있겠지.

식당 아줌마들에게도 신발 지도를 줄 거다. 가끔 우리 가게에서 점심을 시키면 처음 배달 나온 아줌마들이나 길눈이 어두운 아줌마들이 시장 안

을 헤매다 늦게 올 때가 있다. 새벽부터 열심히 땀 흘려 일하는 우리 아빠가 늦은 점심, 식은 밥을 먹는 게 나는 싫다.

식당 아줌마들에게 미로 같은 시장 1층에서 우리 아빠 가게를 찾는 가장 빠른 길을 표시한 신발 지도를 준다면 우리 가게까지 김이 모락모락 나는 따뜻한 밥을 재빨리 배달해 주겠지.

그리고 이건 비밀인데, 나의 신발 지도는 언제나 열심히 일하는 우리 아빠를 위한 특별한 선물이다. 난 우리 아빠 가게를 신발 지도에서 가장 돋보이게 만들 거다. 신발 지도를 보는 사람들 누구나 이 가게가 어디야 하며 한번쯤 둘러보고 싶은 마음이 생기도록. 그러면 우리 아빠 가게에 손님들이 북적북적 늘어나겠지.

나만의 신발 지도

아빠 가게가 있는 시장 건물은 커다란 삼각형 모양이다. 그림지도를 그리려고 보니, 신발 모양 같기도 하다.

좋아, 신발 가게들이 모여 있는 신발 모양의 그림지도를 만들자. 그리고 하나 더! 이 지도를 만든 이유도 함께 적어 주어야지.

"멋진 신발 지도가 좋은 신발이 가득한 곳, 우리 아빠 가게로 가는 길을 안내합니다."

열네 개나 되는 시장 출입구 가운데 어느 문으로 들어서건 아빠 가게로 가는 길을 그려 가장 눈에 띄게 할 거야. 눈이 반짝 뜨이는 화살표를 따라가면 늠름한 알통왕 우리 아빠가 일하는 신발 가게에 닿을 수 있도록 말이야.

7 마음이 통할지도 몰라

어, 갈매기다!

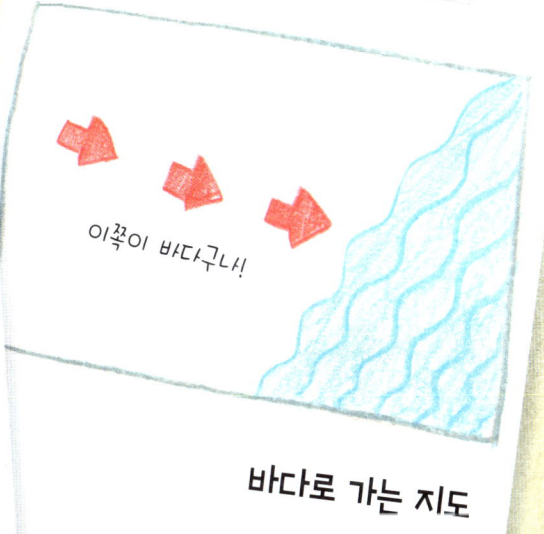

바다로 가는 지도

길 잃은 갈매기에게 지도를

어, 갈매기다!

아빠 가게에서 집으로 돌아오던 어느 날, 시장 옆 동천에서 커다란 날개를 퍼덕이며 날고 있는 갈매기를 보았다. 동천은 우리 마을의 동쪽을 흐르는 개천이다. 나는 시원한 갈매기의 날갯짓을 보느라 한참을 서 있었다. 도시에서 흔하디흔한 비둘기가 아니라 갈매기를 볼 수 있다니, 참 신기했다.

그런데 바닷가에 사는 갈매기가 어떻게 복잡한 이곳까지 날아온 걸까? 갈매기가 여기까지 날아온 것은 바로 동천 때문이었다. 동천은 바다와 이어져 있는데, 바닷물이 올라오면 개천 물이 높아지고, 바닷물이 밀려 나가면 개천 물이 낮아진다. 갈매기는 바다에서 이어지는 동천을 따라 우리 마을까지 날아온 것이다.

  동천 주변을 날고 있는 갈매기를 보니 자꾸 걱정이 되었다. 높은 아파트와 고가 도로가 갈매기가 바다로 돌아가는 길을 막으면 어쩌지? 숨이 턱턱 막히는 매연 때문에 바다 냄새를 쫓아가지 못하면 어쩌지? 사람들의 웅성거림, 시끄러운 자동차 경적에 갈매기가 잔뜩 겁을 먹으면 어쩌지? 동천을 따라가다 물길이 끊기고, 개천 위를 덮어 버린 찻길에서 길을 잃으면 어쩌지? 아침부터 오후까지 동천에 비치는 그림자가 자꾸만 변해 헷갈리면 어쩌지? 왠지 갈매기들이 동천을 거슬러 다시 바다로 돌아가는 게 쉽지 않을 것만 같았다.

길 잃은 갈매기에게 지도를

좋아, 걱정만 하지 말고 갈매기를 위한 지도를 만들자!

나는 길 잃은 갈매기들을 위한 지도를 만들기로 했다. 동천에서 바다로 이어지는 길을 그림지도로 만드는 거다. 동천까지 날아온 갈매기들이 무사히 바다로 돌아갈 수 있도록.

갈매기가 어떻게 지도를 보냐고? 맞아, 갈매기가 지도를 볼 수는 없을 거야. 하지만 그림지도에는 땅의 모습뿐만 아니라 만드는 사람의 마음까지 담을 수 있어.

아주 오래전 사람들은 마음을 담아 지도를 만들었다. 마음속으로 꿈꾸는 세상, 바라는 세상을 지도 속에 담아냈다. 또 '이곳에는 이런 꽃이 필 거야. 저곳에는 이런 사람들이 살 거야.' 하며 가 보지 못한 곳에 대한 재미있는 상상도 지도 속에 담았다.

나도 그림지도에 내 마음을 담을 거야. 갈매기들이 도시에서 길을 잃지 않길 바라는 마음, 갈매기들이 무사히 바다로 돌아가길 바라는 마음, 파란 바다와 맞닿은 파란 하늘에서 훨훨 날길 바라는 마음을 말이야.

이런 내 마음이 갈매기들에게 꼭 전해지도록 나는 특별한 지도 전달 방법을 찾아냈다. 연! 지도를 연에 매달아 하늘에 날리는 거다. 그럼 하늘을 날던 갈매기들이 지도를 낚아채서 보지 않을까?

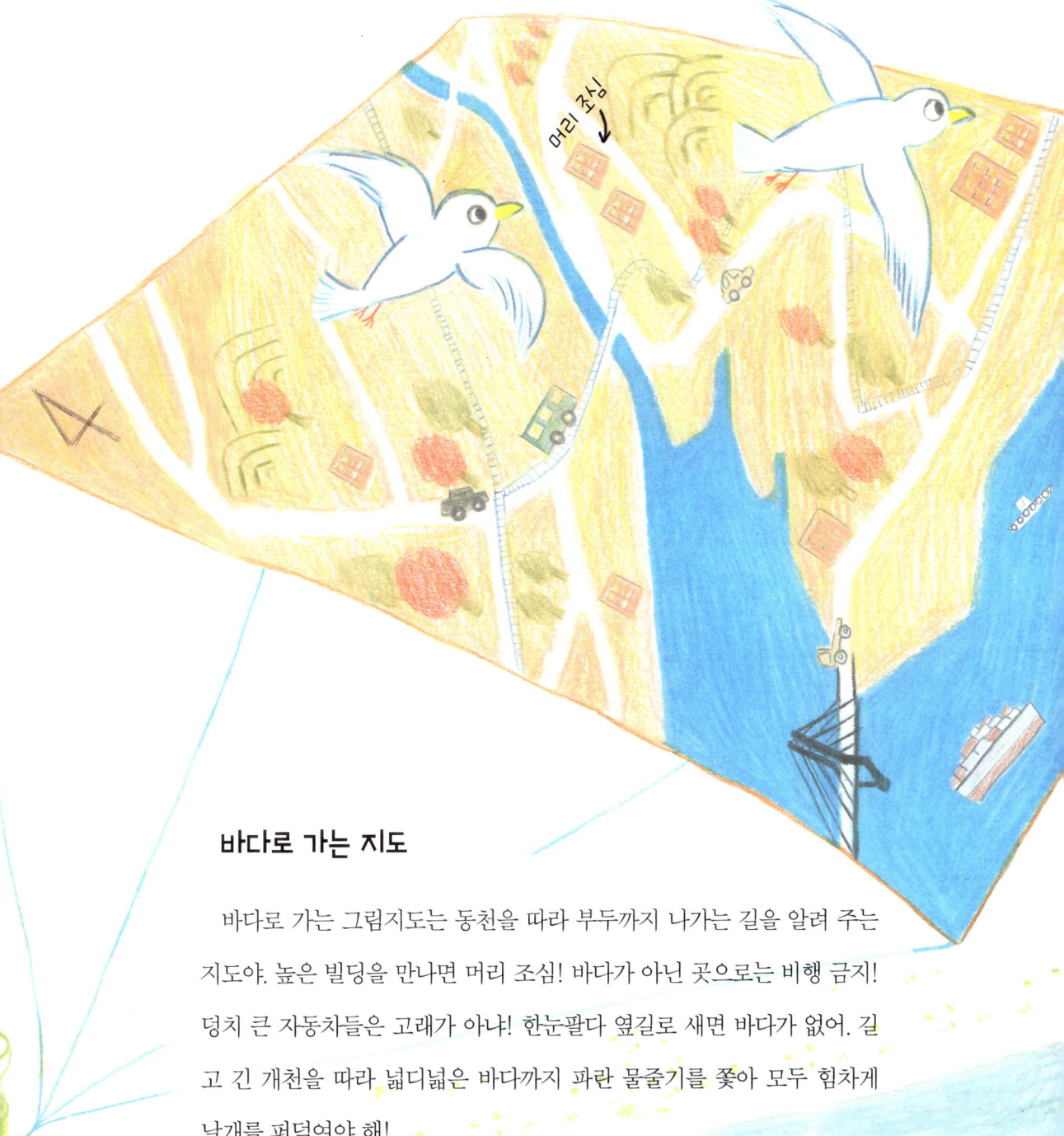

바다로 가는 지도

바다로 가는 그림지도는 동천을 따라 부두까지 나가는 길을 알려 주는 지도야. 높은 빌딩을 만나면 머리 조심! 바다가 아닌 곳으로는 비행 금지! 덩치 큰 자동차들은 고래가 아냐! 한눈팔다 옆길로 새면 바다가 없어. 길고 긴 개천을 따라 넓디넓은 바다까지 파란 물줄기를 쫓아 모두 힘차게 날개를 퍼덕여야 해!

8 새롭게 보일지도 몰라

새롭게 보이는 우리 마을

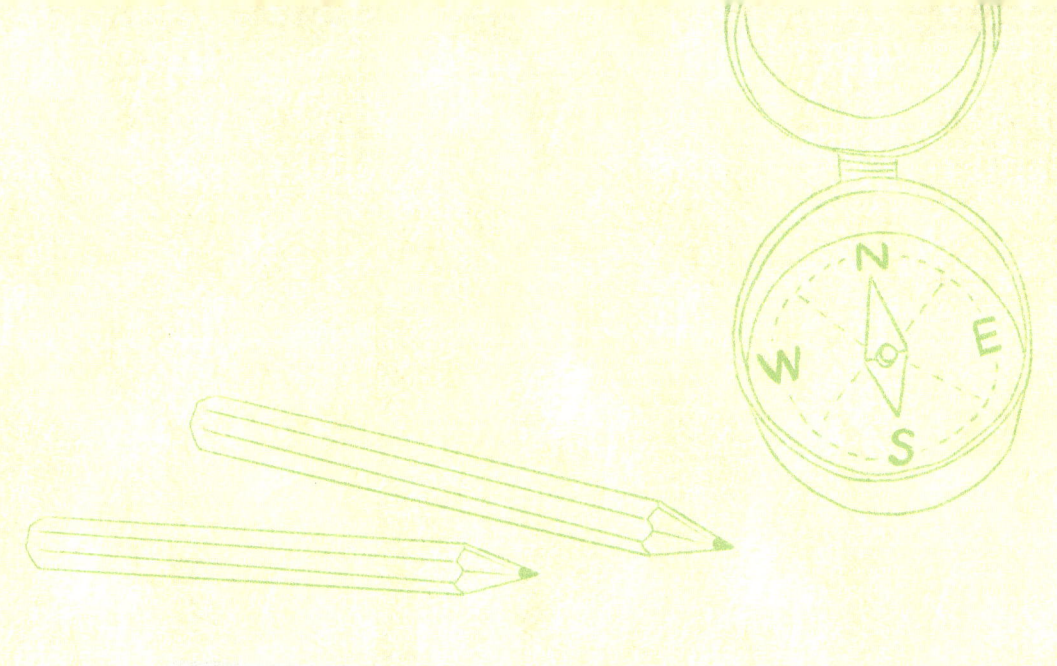

마음을 보여 주는 그림지도

다음엔 어떤 지도를 만들까?

새롭게 보이는 우리 마을

나의 마을 탐험은 봄에서 여름, 여름에서 가을로 이어졌다.

파란 물통이 있는 집들, 좁은 골목길, 오르고 올라도 끝이 보이지 않는 계단, 우리 학교, 마을 도서관, 아빠의 일터, 갈매기가 날아다니는 동천까지 마을 곳곳을 누비면서 우리 마을이 다르게 보이기 시작했다.

작기만 하다고 생각한 우리 마을이 넓게 보였고, 여러 길을 오가며 만나는 풍경들이 내게 이야기를 건네는 것 같았다. 또 아빠의 일터를 꼼꼼히 들여다보면서 땀 흘리며 열심히 일하는 우리 아빠가 자랑스럽게 느껴졌다. 그뿐만이 아니다. 하늘을 나는 새들도, 집으로 돌아가는 강아지들도 모두 저마다 마음속의 지도가 있다는 멋진 상상도 하게 되었다.

내 발이 더 부지런해지고, 내 눈이 더 반짝일수록 나는 우리 마을과 진짜 친구가 되어 갔다.

마음을 보여 주는 그림지도

나는 재미있는 그림을 그리듯, 때론 친구에게 이야기를 건네듯 우리 마을 그림지도를 만들었다. 내가 본 우리 마을, 내가 느낀 우리 마을을 그림지도로 만들면서 나는 우리 마을에 대해 더 많이, 더 깊이 알게 되었다. 그리고 세상을 바라보는 마음의 눈을 갖게 되었다.

내가 만든 우리 마을 그림지도는 내가 본 우리 마을의 모습 그대로가 아니다. 내가 좋아하는 길을 따라 우리 마을을 잇고, 내가 자주 다니는 길을 더 도드라지게 그렸다.

내가 좋아하는 곳이 실제보다 더 크게 보이고, 다른 곳보다 더 눈에 띈다. 똑같이 생긴 가게들이 늘어서 있는 시장 지도를 만들 땐 우리 아빠 가게가 돋보이게 그렸다. 갈매기들이 한눈에 알아볼 수 있도록 동천을 강조해서 그림지도를 만들기도 했다.

나의 그림지도에는 우리 마을을 탐험하면서 느낀 내 마음이 고스란히 들어가 있다. 나 혼자만 알기에는 아쉬운 우리 마을의 특별한 모습을 뽐내고 싶은 마음, 우리 마을이 간직한 이야기를 나누고 싶은 마음, 미로 같은 시장 안에서 누구나 쉽게 아빠의 신발 가게를 찾아가길 바라는 마음, 도시로 날아온 갈매기들이 무사히 바다로 돌아가기를 바라는 마음이 담겨 있다. 그리고 그림지도를 보는 사람들에게, 갈매기들에게 이런 나의 마음이 전해지기를 바라는 소망도 함께 담았다.

이렇게 내 마음을 담아서일까? 그림지도가 우리 마을을 더 생생하고 재미있게 보여 주는 것 같다.

다음엔 어떤 지도를 만들까?

우리 마을 그림지도, 이야기 지도에 이어 다음에는 어떤 지도를 만들면 좋을까?

이젠 제법 친해진 우리 반 친구들과 함께 보물 지도를 만들어 보면 어떨까? 누구에게나 보물같이 소중하게 생각하는 장소가 있다. 아마 우리 반 친구들에게도 그런 곳이 있을 거다.

학교 과학실에서 나만 아는 신기한 실험 기구, 만화책을 숨겨 놓은 학교 사물함, 집에 용돈을 숨겨 놓은 곳, 단골 가게에서 좋아하는 과자가 있는 곳, 도서관에서 내가 좋아하는 책이 있는 책장, 내가 남몰래 짝사랑하는 친구의 집…….

생각해 보면 마을 곳곳에 숨어 있는 우리들의 보물은 아주 많다. 이런 것들을 모아 '우리들의 보물 지도'를 만들면 정말 재미있을 것 같다. 그리고 이 보물 지도를 학교 운동장 특별한 장소에 깊숙이 파묻어 놓으면 어떨까?

아주 오랜 세월이 흐르고 흐른 어느 날, 누군가 이 보물 지도를 찾아낸다면 어떤 일이 일어날까? 아마 보물 지도를 찾아낸 사람들은 우리들이 숨겨 놓은 보물을 찾아 탐험을 떠날지 모른다. 내가 숨겨 놓은 보물 지도를 보고 누군가 보물을 찾아 탐험을 떠날 거라고 생각하니 왠지 대단한 비밀을 간직한 사람처럼 으쓱해진다.

잠시 곰곰 생각에 잠겨 본다. 비밀스럽게 간직하고 싶은 내 보물은 무엇일까? 내 보물을 어디에 숨겨 놓을까? 보물 지도를 어떻게 만들까?

이번 겨울 방학은 '보물 지도 만들기'로 후끈 달아오를 것 같다.

서울 배밭골 용준이에게

용준아, 안녕!

그동안 잘 있었니? 난 부산에서 잘 지내고 있어.

부산에 온 지 벌써 몇 달이 지났어.

봄, 여름이 지나 가을로 바뀌는 동안 난 새로 만난 우리 마을 곳곳을 탐험했어. 그리고 내가 둘러본 우리 마을을 그림지도로 만들었어. 바로 네게 보내는 이 그림지도들이야.

언젠가 네가 우리 집에 놀러 오면 같이 여기저기를 둘러보겠지만, 그 전에 미리 우리 마을을 네게 소개하고 싶었어.

그림지도를 만들기 전까지 나는 날마다 서울을 그리워했어. 당장이라도 기차를 타고 서울로 가고 싶었어. 그러다 마을 탐험을 하고, 그림지도를 만들기 시작하면서 조금씩 부산 생활이 재밌어졌어.

학교에 갈 때도, 도서관에 갈 때도, 아빠의 일터에 갈 때도, 우연히 갈매기를 만날 때도 마치 탐험가가 된 듯한 기분이 들었거든. 그림지도를 보는 네게도 이런 기분이 전해졌으면 좋겠어.

다음에는 마을 곳곳에 숨겨진 나만의 보물들을 모아 표시한 특별한 보물 지도를 만들어 볼 생각이야. 너랑 같이 만들면 정말 재미있을 텐데. 다음에 기회가 되면 꼭 같이 만들자.

용준아,

우리들의 정릉 배밭골은 잘 있지?

우리가 좋아하던 두 갈래 길은 그대로야?

아직 하얀 대문 미술 학원에 다니니?

우리가 군것질을 하던 윤미슈퍼는 요즘도 자주 가니?

우리가 누비던 골목길들은?

참 이상해.

환히 알고 있다고 생각했던 배밭골 모습이 머릿속에서 뒤죽박죽 떠올라.

용준아, 다음에 또 편지할게. 잘 있어.

방학하면 부산에 꼭 놀러 와.

나도 서울에 꼭 갈게.

부산 호랑이 마을에서 영우가

부산 호랑이 마을 영우에게

영우야, 안녕!

네가 보낸 편지와 그림지도 잘 받았어.

네 그림지도를 보니, 너와 함께 너희 마을을 둘러보는 것만 같았어.

네 편지를 받고 나도 우리 마을 탐험을 시작했어. 나도 내 마음까지 보이는 멋진 그림지도를 만들 거야. 우리 마을의 특징을 재미있게 보여 줄 수 있는 기호도 만들어 보려고.

배밭골 탐험이 끝나고, 우리 마을 그림지도가 완성되면 가장 먼저 네게 보낼게. 너도 내가 만든 지도를 보면서 배밭골을 떠올려 보렴. 특별히 네가 살았던 집이랑, 우리가 좋아했던 곳들을 커다랗게 표시해 줄게. 아마 지도를 보면 뒤죽박죽 떠올랐던 배밭골의 모습이 생생해질 거야.

다음에는 보물 지도를 만든다고?

보물 지도를 만들겠다는 네 생각이 정말 맘에 들어. 혹시 이곳에 숨겨 놓은 보물이 있으면 나한테만 살짝 털어놔 봐. 네가 서울에 오면 우리 같이 배밭골 보물 지도를 만들자.

참, 나도 네게 줄 선물을 준비했어.

네가 궁금해하는 배밭골의 모습을 카메라에 담았단다.

여기는 배밭골, 저기 네가 살던 집이 보이니?

우리들의 두 갈래 길, 이 길을 갈 때면 아직도 어느 길로 갈까 고민해.

미술 학원은 잘 다니고 있어. 그림 그리러 오는 아이들이 많이 늘었어. 어제는 신문지로 재생 종이 만들기를 했는데, 내가 만든 종이로 책도 만들었단다.

윤미슈퍼는 예전처럼 자주 가지 않아. 큰길 마트에 먹을 게 더 많거든.

우리가 뛰어놀던 골목길이 보이니? 학원 다니는 시간이 늘어서 예전처럼 여기서 자주 놀진 못해.

걱정 마! 배밭골은 잘 있으니까.

여기 친구들도 모두 잘 있단다.

영우야, 겨울 방학 때 만나자.

그때까지 안녕!

배밭골에서 용준이가

지도가 뭘까?

지도는 땅의 모습을 그린 그림이야. 지도에는 마치 새가 하늘에서 내려다보듯 우리가 살고 있는 곳은 물론이고, 지구 전체의 모습까지 담아낼 수 있어.

누구나 지도를 보면 내가 어디에 있는지, 내가 가려고 하는 곳이 어디인지 쉽게 찾을 수 있어. 또 가 보지 못한 낯선 곳에 대해서도 맘껏 상상할 수 있지. 그런데 우리가 살고 있는 넓디넓은 땅덩이를 어떻게 작은 종이나 화면에 담아낼 수 있을까?

지도는 땅의 모습을 있는 그대로 보여 주는 사진이 아냐. 지도는 땅 위의 모습을 일정한 비율로 줄이고, 방위를 나타내고, 여러 가지 기호나 색을 써서 간단하고, 알아보기 쉽게 그린 그림이야. 그래서 지도는 아무리 넓은 지역이라도 한눈에 보여 줄 수 있고, 좁은 지역도 자세히 보여 줄 수 있어. 또 쓰임에 따라 필요한 부분만 강조할 수도 있지.

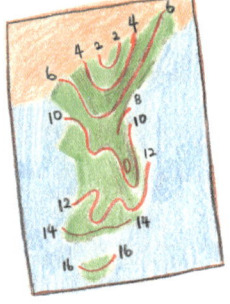

주제도

인구, 기온, 천연 자원 등 특수한 내용을 연구하는 데 이용되어요.

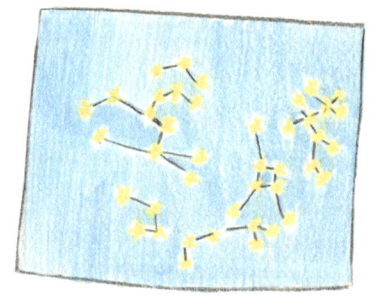

별자리 지도

밤하늘의 별의 위치를 표시한 지도예요.

그림지도

그림지도는 일반 지도처럼 일정한 비율을 계산하지 않고, 땅의 모습을 만드는 사람이 원하는 것, 필요한 것만 골라 간단하게 그린 지도야.

그림지도는 딱딱한 일반 지도와는 달리 복잡하지 않고, 마치 재미있는 그림을 대하듯 누구나 쉽게 볼 수 있어. 또 그림지도는 만드는 사람에 따라 그 표현이 달라지기 때문에 지도를 만든 사람의 마음까지도 엿볼 수 있어.

그림지도의 쓰임새는 일반 지도와 같아. 그림지도도 일반 지도처럼 방향을 알려 주고, 기호를 써서 복잡한 것들을 간단하게 나타내고, 여러 가지 색깔을 넣어 쓰임새에 맞게 쓸 수 있어.

일반도

땅의 모양, 국경, 도로 등 지도책에서 흔히 볼 수 있는 지형도, 세계 지도 등을 말해요.

세계 지도

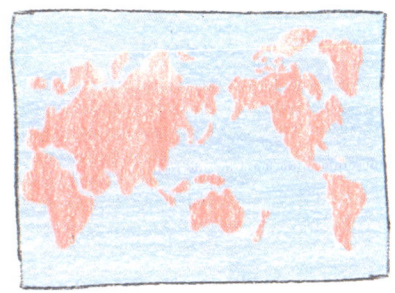

지구 전체의 모습을 보여 주는 지도예요.

세상을 보는 마음의 눈

지도는 아주 오래전부터 만들어졌어. 먼 옛날 지도들에는 세상에 대한 사람들의 생각과 바람이 담겨 있어. 옛사람들은 지도에 아름다운 이야기를 담기도 하고, 꿈꾸는 세상의 모습을 담기도 했어. 하늘의 별들을 관찰해 지도로 만들기도 하고, 옛이야기 속에 등장하는 나라들을 진짜처럼 지도로 그려 놓기도 했어.

지도가 어떻게 바뀌었는지를 잘 살펴보면 사람들의 생각이 어떻게 바뀌었는지도 알 수 있지. 그러니까 지도는 세상을 바라보는 사람들의 마음을 담은 그림인 셈이야.

지금까지 남아 있는 가장 오래된 지도는 기원전 600년경에 만들어진 바빌로니아 점토판 지도야. 메소포타미아 사람들은 점토판 위에 바빌론을 중심으로 강이나 농경지, 도시 등을 새겨 넣은 세계 지도를 만들었어. 이 지도에도 그 당시 사람들이 생각했던 세상의 모습이 그대로 담겨 있어.

그 후로 많은 탐험가들이 새로운 땅을 향해 길을 떠나게 되면서 지도는 더욱 정확해졌어. 더 넓은 세상을 지도로 만들게 되었지. 또 지리에 관한 정보가 늘어나고, 여러 가지 관측 기구들의 발달하면서 지도를 만드는 방법도 더욱 과학적이 되었단다.

▶ 바빌로니아 점토판 지도

상상으로 지도를 만들었던 옛사람들

지금처럼 하늘에서 땅을 내려다볼 수 있는 과학 기술이 발달하지 않고, 자유롭게 세계 곳곳을 여행할 수 없었던 옛날에는 상상으로 지도를 만들기도 했어.

이 지도는 세계의 모습을 담아 놓은 우리나라의 '천하도'라는 지도야. 천하도에는 세계의 한가운데 중국과 우리나라가 있고, 주변에는 상상 속의 나라들이 있어.

우아!

▶ 천하도

날개 달린 사람들이 사는 나라, 인어들이 사는 나라, 두 팔이 기다란 사람들이 사는 나라, 외눈박이 사람들이 사는 나라……. 재미있는 나라들로 가득한 이 천하도는 세상에 대한 옛사람들의 상상력을 엿볼 수 있는 지도야.

요모조모 지도의 변신

지도는 그 쓰임새에 따라 여러 가지 모습으로 만들 수 있어. 땅의 모습은 물론이고, 땅을 어떻게 이용하는지, 지역에 따라 날씨가 어떤지, 어떤 지역에 얼마나 많은 사람들이 살고 있는지, 바닷속은 어떻게 생겼는지, 하늘에는 어떤 별자리들이 있는지도 지도로 보여 줄 수 있어. 또 거미줄처럼 복잡한 지하철 노선이나 고속 도로, 관광지에서 볼 만한 곳도 한눈에 알아보기 쉽게 지도로 알려 주지.

이렇게 지도는 수없이 많은 정보를 알려 준단다. 그리고 지도를 사용하는 사람들이 필요로 하는 정보들을 콕 집어 알려 주기 위해서 여러 가지 얼굴로 변신하기도 해.

마을 탐험을 나서자

재미있는 마을 탐험을 위해서 무엇을 준비해야 할까?

먼저 방향을 알 수 있는 나침반! 나침반만 있으면 어디서든 동서남북,

방향을 알 수 있어. 나침반을 쓰면 마치 먼 항해에 나선 탐험가가 된 듯한 기분도 맛볼 수 있을 거야.

그리고 내가 본 것, 알게 된 것을 기록할 수 있는 필기도구! 꼼꼼한 기록은 재미있는 탐험기를 완성하는 밑거름이 되지.

또 여기저기 찰칵찰칵, 카메라도 필요해. 카메라는 또 하나의 눈이야. 내가 본 것을 그 모습 그대로 남겨 둘 수 있으니까. 휴대 전화나 디지털카메라 하나만 있으면 우리 마을의 특징을 생생하게 담을 수 있어.

하지만 뭐니 뭐니 해도 가장 중요한 건 바로 튼튼한 두 다리와 반짝이는 두 눈이야! 마을 탐험을 하려면 많이 걷고, 많이 봐야 해. 튼튼한 두 다리로 힘차게 마을 곳곳을 걸어 다니고, 반짝이는 두 눈으로 여기저기 잘 살펴본다면 탐험은 언제나 성공이야!

참고 문헌

교육부, 《사회 4-1》, 지학사, 2018
교육부, 《초등학교 사회과 부도》, 지학사, 2019
류재명, 《종이 한 장의 마법 지도》, 길벗어린이, 2006
김재일, 《세상에 단 하나뿐인 지도》, 북멘토, 2007
존 클라크 외, 《지도 박물관》, 웅진지식하우스, 2007
발 로스, 《지도를 만든 사람들》, 아침이슬, 2007
한영우 외, 《우리 옛지도와 그 아름다움》, 효형출판, 1999
부산광역시, 부산대학교, 《부산고지도》, 2008
경희대학교 혜정박물관, 《탐험이 가져온 선물 지도》, 한겨레아이들, 2008
한승숙, 〈사회과 현장 학습이 아동의 공간 인지력 향상에 미치는 영향 : 초등학교 3학년 아동을 중심으로〉, 서울교육대학교 대학원 석사학위 논문, 2002